DANILO NETTO e FERNANDA GODINHO

A turma da

HORTA
VIVA

o mistério
das
sementes

imagens ANA SOFIA MARIZ e CHRISTIANE MELLO

CB043522

zit
EDITORA

Eu vivo pedindo ao meu irmão pra me levar na horta que
ele cuida junto com os amigos. É que o Guga sempre
chega em casa contando que lá é legal, que fizeram um
monte de coisas divertidas como plantar, colher, brincar,
aprender e conversar... Mas nunca me deixa ir com ele.
Diz que é porque sou muito curioso.

Que eu penso, penso, penso.
Falo, falo, falo.
Pergunto, pergunto, pergunto.

Mas se eu não pensar, falar ou perguntar,
como é que vou saber das coisas?

Até que um dia, de tanto que eu insisti...

– Tá bom, João. Você vai comigo na Horta Viva hoje. Mas olha, lá não é parquinho, viu? Não é pra ficar correndo de um lado pro outro. – O Guga falou que nem a mãe quando faz recomendação.

– Tem uma floresta enorme cheia de bichos selvagens?

– Claro que não! – disse ele rindo da minha cara.

Eu estava doido pra chegar e descobrir logo o que era essa tal de horta, mas não resisti, e no meio do caminho comecei a encher meu irmão de perguntas.

– Tem muita planta, Guga?

– Tem, João. Horta tem muita planta.

– E vocês compram as plantas no supermercado pra levar pra lá?

– Não, João. Só compramos algumas sementes em lojas especializadas. A maioria das mudas a gente pega em outros lugares e leva pra plantar na horta.

– Eu nunca vi uma semente! – Fiquei animado.

– Claro que já viu, João. Feijão é uma semente.

– Feijão!? – Me espantei. – Semente não é pra plantar na terra?

– É... – respondeu ele, já perdendo a paciência.

– Na escola, a gente plantou feijão no algodão. E...

– Ah, João. – E ele nem me deixou terminar. – Você pergunta demais! Todo mundo já plantou pelo menos uma vez na vida o feijão no algodão, mas lá na horta a gente planta direto na terra. Aliás, acho que essa história de plantar no algodão só dá certo na escola.Nunca vi uma plantação que no lugar de terra tivesse algodão! Ai João, já estou pegando a sua mania de ficar cheio de dúvida!!!! Agora, quando chegarmos lá, não fica perturbando meus amigos com tantas perguntas.

– Mas você é meu irmão mais velho! O pai disse que você tem que me ensinar as coisas!

– Ah! O pai não está aqui. – Ele realmente foi ficando sem paciência. – Você não gosta de bancar o detetive? Então descobre sozinho! – Parou e pensou um pouco. – E tem mais: hoje a gente tem reunião na Praça da Prosa pra resolver umas coisas sérias. Então vê se não atrapalha, viu?

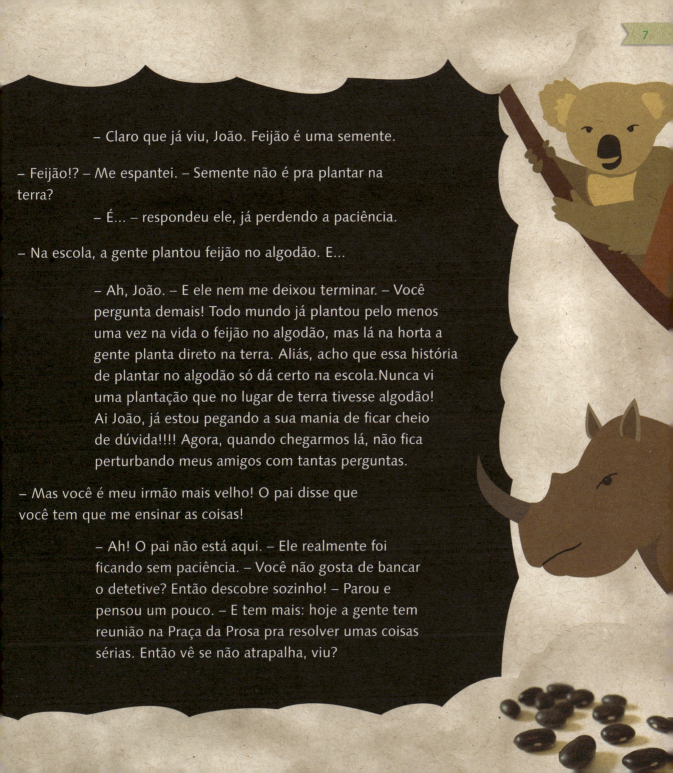

Não perguntei mais nada. Do jeito que ele estava, era bem capaz de me levar de volta pra casa e nunca mais me deixar voltar à Horta Viva.

Chegamos. Meu irmão foi logo avisando a todos que eu ia
ficar quietinho.

– Caramba, Guga! Não é justo mandar o menino ficar
quietinho num lugar tão cheio de coisa pra descobrir,
como a horta! – E, colocando a mão no meu ombro, ele
disse: – Oi, João, eu sou o Jiló. Vem comigo que vou te
apresentar o resto da turma.

Taí, gostei do Jiló.

Fomos andando pelos canteiros. Ele apontou uma
menina colhendo tomates e disse que era a Marieta.

Contou que cada semente é diferente uma da outra. A do tomate é bem pequena, achatadinha e amarelinha; a do pepino é branca e compridinha; a da couve é uma bolinha. E assim fui percebendo que o que eu chamava de caroços eram na verdade as sementes das plantas.

Jiló mostrou um garoto com um computador no colo, sentado num banquinho da praça que eles mesmos fizeram, dizendo que era o Artur.

- Ele está pesquisando exatamente a diversidade das sementes e acabou de descobrir as sementes aladas.

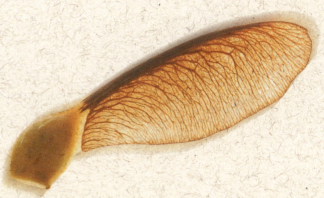

- Sementes o quê? – perguntei curioso.

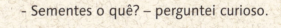

- Sementes aladas, que são como essas aqui do ipê, que possuem uma pele que parece asa e ajuda a semente a se espalhar voando para longe.

– Legal!!!!

– A Liz é aquela ali plantando pepinos. Sabe,
alguns não germinaram – continuou ele. – Ah!
Ainda tem a Dorinha e a Luísa, que não devem
demorar a chegar.

– Ela bota o pepino inteiro na terra? –
perguntei.

Só ouvi meu irmão caindo na gargalhada.

– Nós também não sabíamos de nada quando começamos a horta, Guga! – O Jiló me defendeu. – Usamos só as sementes que estão dentro do pepino pra plantar o pepineiro, João. O pepino é o fruto.

– Ah! – Eu comecei a tentar entender. – É que outro dia, quando o Guga estava lá em casa comendo um pepino que levou daqui, eu...

– Cala a boca, garoto! – Meu irmão nem me deixou terminar a frase.

– Peraí! Tem certeza de que o Guga estava comendo pepino? – Jiló estranhou. – Mas ele vive dizendo que só gosta de carne e que não come nada verde!

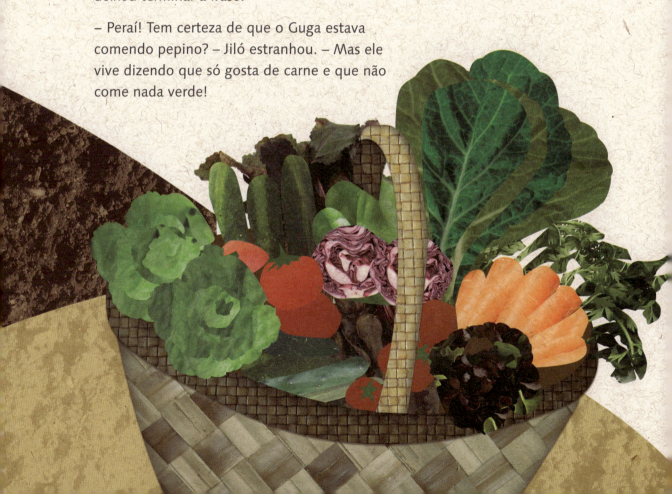

Acho que dedurei o meu irmão sem querer e
ele não vai querer me trazer nunca mais.

– Eu confesso: de tanto plantar e levar
legumes e verduras pra casa, decidi
experimentar um ou outro e acabei
gostando.

– Mas João, continua o que você estava contando...

– Ah! É que quando minha mãe cortou o pepino, me mostrou uns carocinhos e disse que eram sementes. Eu peguei algumas e plantei, mas não nasceu nada.

– Ih, João. Isso eu não sei explicar. Mas olha só quem está chegando! – Ele apontou para um senhor. – Seu Betinho, este é o João, irmão do Guga. Ele quer saber por que as sementes dos pepinos que colhemos aqui na horta não germinaram na casa dele.

– Por que, seu Betinho? – reforcei a pergunta.

– Sabe, João, muita gente faz a mesma pergunta. É que os pepinos que a gente come são colhidos quando ainda estão verdes, ou seja, as sementes ainda não estão prontas pra brotar. Aqui deixamos alguns ficarem bem maduros, e só então os colhemos e tiramos as sementes. Está vendo aqueles dois ali bem amarelos? Estão quase prontos.

Duas meninas chegaram. O Guga disse
que eram a Dorinha e a Luísa, me avisou
que iam começar a reunião e que eu podia
ficar andando pela horta enquanto eles
conversavam.

Germinar, brotar, nova planta. Quantas coisas
novas eu tinha pra entender melhor o que
queriam dizer. Minha cabeça estava a mil e
comecei a andar pela horta sem saber direito
por onde começar. Tinha pouco tempo,
porque estava começando a escurecer e logo,
logo a gente ia ter que voltar pra casa.

Decidi então ir direto ao lugar onde a Liz estava plantando os pepinos, mas só encontrei umas plantinhas muito pequenininhas. Será que aquilo é que eram os tais pepineiros? Acho que o seu Betinho percebeu a minha dúvida, porque lá da Praça da Prosa ele gritou:

– São essas bem pequenas aí, João! Com duas folhinhas: uma para cada lado.

Fiz sinal de que tinha entendido. Mas fiquei olhando aquilo e imaginando como é que aquele caroço tão pequeno podia se transformar numa planta. Eu precisava entender aquele mistério.

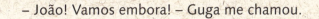

– João! Vamos embora! – Guga me chamou.

– Já?

– Tá na hora, né?

– Tchau gente! – Eu me despedi da turma. – Até amanhã, seu Betinho!

É claro que eu queria voltar no dia seguinte. E no caminho de volta pra casa, puxei conversa:

– Puxa Guga, a Horta Viva é muito legal mesmo! Eu adorei ter ido.

– Quer voltar amanhã comigo? – perguntou.

– Claro!

Depois do jantar, fomos pra cama, mas eu não conseguia dormir, pensando naquela história das sementes. Então, fui até a cozinha tomar um copo de leite morno pra ver se ajudava a resolver a falta de sono, e vi uma tigela cheia de água e sementes de feijão em cima da pia. O que será que a minha mãe vai fazer com elas?

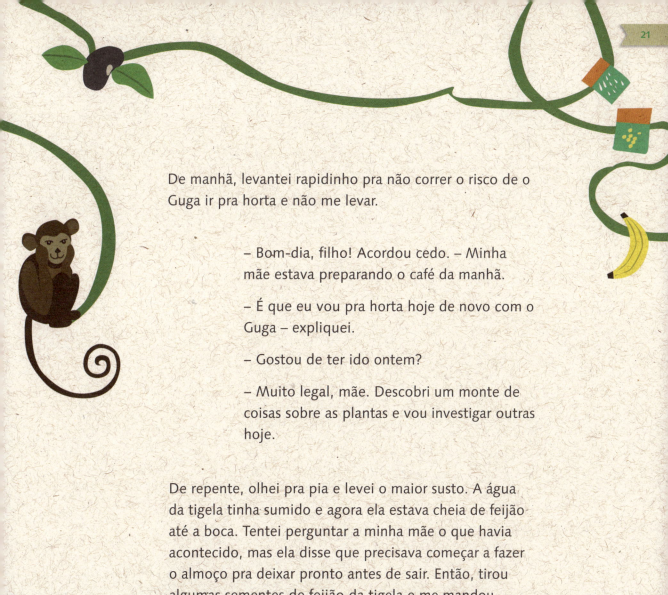

De manhã, levantei rapidinho pra não correr o risco de o Guga ir pra horta e não me levar.

– Bom-dia, filho! Acordou cedo. – Minha mãe estava preparando o café da manhã.

– É que eu vou pra horta hoje de novo com o Guga – expliquei.

– Gostou de ter ido ontem?

– Muito legal, mãe. Descobri um monte de coisas sobre as plantas e vou investigar outras hoje.

De repente, olhei pra pia e levei o maior susto. A água da tigela tinha sumido e agora ela estava cheia de feijão até a boca. Tentei perguntar a minha mãe o que havia acontecido, mas ela disse que precisava começar a fazer o almoço pra deixar pronto antes de sair. Então, tirou algumas sementes de feijão da tigela e me mandou brincar lá fora enquanto meu irmão se aprontava para sair. Abaixei pra pegar alguns grãos de feijão que estavam no chão e fui. Se ela não tinha tempo pra me explicar, eu ia ter que descobrir sozinho.

Sentei no degrau da entrada e comecei a brincar com as sementes. E, mesmo sem lupa de detetive, notei que os feijões que minha mãe tirou da tigela pra me dar estavam mais gordinhos e inchados do que os que eu tinha achado no chão. *É isso!*, gritei sozinho. Os feijões tinham chupado a água da tigela!

– Será que as sementes chupam a água e incham até estourar e virar planta, que nem milho virando pipoca? – falei em voz alta pra mim mesmo.

Fiquei jogando as sementes de uma mão pra outra enquanto pensava na minha descoberta. Será que as sementes de pepino também incham? E se...

Foi aí que percebi que as casquinhas dos feijões inchados estavam saindo com a maior facilidade. Então, tirei toda a casca de um grão pra ver como era.

Encontrei uma coisa branca e dura, e que parecia estar dividida em duas partes. Com cuidado, fui separando, mas havia um cabinho bem no meio que prendia uma na outra. Aquilo estava ficando muito divertido!

Com mais cuidado ainda, tirei o cabinho lá de dentro. Tinha uma coisa grudada nele que mais parecia uma microplantinha. Caramba! Será que as sementes do pepino lá da horta também têm essa plantinha dentro?

Levei um susto quando o Guga chegou de
mansinho.

– E aí, João? Brincando com feijões?

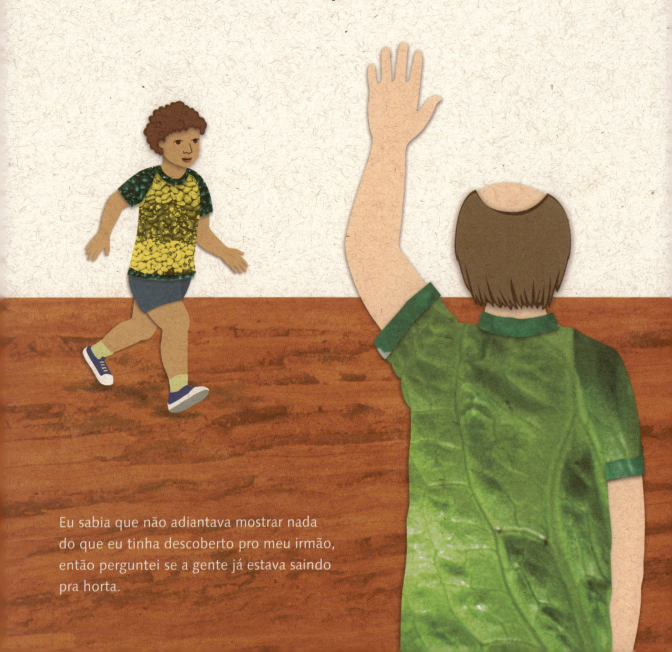

Eu sabia que não adiantava mostrar nada
do que eu tinha descoberto pro meu irmão,
então perguntei se a gente já estava saindo
pra horta.

Quando chegamos, fui correndo mostrar pro seu Betinho.

– Meninos, venham ver o que o João descobriu. – Ele chamou a turma.

Perguntei se era uma microplanta de verdade e ele disse que não tinha estudado muito, mas que chamavam aquilo de brotinho de semente.

– Mas olha só quem vem chegando! – Ele apontou. – O professor Zeca certamente sabe mais do que eu.

– Temos mais um amigo na turma? – Ele sorriu, mexendo no meu cabelo.

– É meu irmão, professor. – O Guga se apressou em me apresentar.

Mostrei pra ele a minha descoberta e ele começou a explicar que aquela microplantinha existia dentro de todas as sementes.

– Chama-se embrião – continuou ele – e em algumas plantas, como no trigo, é conhecido por de gérmen.

– O gérmen de trigo que a gente come? –
perguntou Jiló.

– Isso mesmo. Digamos que ele fica
adormecido dentro da semente e, quando
jogamos água, ele acorda. Quando isso
acontece, dizemos que a planta está
brotando.

– Então, se eu engolir uma semente de feijão
e beber água ela vai brotar dentro da minha
barriga? – perguntei meio assustado.

– Não, João, a semente não terá tempo para brotar e logo sairá junto com as suas fezes. Os cientistas dizem que o embrião, ou gérmen, entra em ação com a água, por isso chamam esse começo de crescimento da plantinha de germinação. Quando germina, ela cresce e se torna uma nova planta, que dará flores, frutos e sementes, com novos embriões, formando o ciclo de vida das plantas. Entendeu, João?

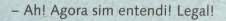

– Ah! Agora sim entendi! Legal!

E enquanto ele falava, eu fiquei pensando:
João, feijão, embrião, germinação... Hum...
Esse mistério estava resolvido, mas algo me
dizia que aquela Horta Viva tinha muitos
outros mistérios a serem solucionados.

Sobre o Horta Viva

Durante tanto tempo fazendo hortas em escolas, muitas vezes nos deparamos com crianças que nunca haviam colocado a mão na terra. No início do trabalho, algumas até apresentam certa repulsa, mas que logo se desfaz com as primeiras práticas de plantar ou cuidar de plantas, e daí um mundo novo revela-se, gerando muita curiosidade.

Neste livro, João, um menino muito curioso, está louco para conhecer a Horta Viva, pois já soube que é um lugar onde poderá fazer grandes descobertas sobre a natureza, que ele adora.

Em sua primeira visita, muitas perguntas começam a pipocar em sua cabeça e ele fica superintrigado, procurando descobrir como uma semente, que se pode comer, também vira uma planta. "Como será que isso acontece?"

Boa leitura

Danilo Netto e **Fernanda Godinho**

Sobre o design e as ilustrações

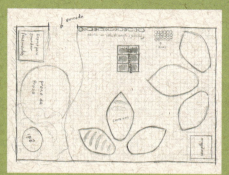

Ao buscamos usar os princípios da educação ambiental ensinados na história para execução do projeto. Mas, desenvolver um livro ecologicamente correto em escala industrial não é tarefa fácil, já que materiais e processos alternativos ainda são escassos no mercado brasileiro. Por outro lado, percebemos que teríamos muito mais possibilidades na parte de criação e construção das ilustrações. Então, mergulhamos de cabeça no design das imagens.

Como este *O mistério das sementes* que fala sobre o processo de germinação e cultivo das plantas, usamos texturas de sementes, frutos, plantas e terras, para a roupa dos personagens e os cenários. Através de fotos realistas que tiramos em nosso escritório, demos destaque para os alimentos saudáveis produzidos na horta. Torcemos para que estas imagens abram o seu apetite!

Para acompanhar visualmente o ritmo da história projetamos os blocos de texto seguindo o sentido da narrativa. As ilustrações foram planejadas para se encaixarem perfeitamente nesta estrutura gráfica, criando integração entre texto e imagem. Esperamos que você curta ler este livro tanto quanto nós curtimos fazê-lo.

Pesquisamos e fotografamos sementes e
alimentos cultivados na horta.

Danilo Netto

Nasci e moro no Rio de Janeiro, onde me formei pela Universidade Rural em Ciências Agrícolas e me pós-graduei em Ciências Ambientais. Estou completando 30 anos, como professor e coordenador de projetos de educação ambiental em escolas, onde utilizo a horta escolar como facilitadora do trabalho pedagógico e socioambiental. As experiências acumuladas e os conhecimentos construídos foram sistematizados dando origem à metodologia Horta Viva de Educação Ambiental. Sou diretor do site Horta Viva e escrevi o livro *Horta educativa* (esgotado) em que mostro como implantar esta metodologia na escola.

Ana Sofia Mariz

Sempre gostei de desenhar e fui muito incentivada pela minha mãe a fazer cursos de arte quando criança. Ao terminar o ensino médio, escolhi fazer Faculdade de Design na ESDI (UERJ). Desde o fim da faculdade comecei a estagiar em uma grande editora e de lá para cá não larguei mais esta paixão de trabalhar com livros. Fiz mestrado sobre o design de livros e atualmente divido com a Christiane Mello o Estúdio Versalete, onde fizemos toda a parte visual deste livro. Sempre que possível, acho importante escrever sobre o processo de design de um livro, como fizemos neste Projeto.

Fernanda Godinho

Fui uma menina que adorava imaginar e sonhar. Principalmente imaginar como seria o meu futuro. Tinha muitas bonecas, quadro-negro, diário de classe, alunos imaginários e vários livros inventados , escritos à mão e grampeados; e inúmeras perguntas que raramente eram respondidas. Preferia guardá-las nos meus pensamentos. Mas agora essas perguntas estão saindo com uma força enorme. A Fernanda menina ainda está dentro de mim e por isso escrevo para os meus filhos e meus alunos e, sobretudo, para entender tantas coisas cujas respostas ainda não sei. Agora sou uma menina de mais de 40 anos que prefere perguntar – mais do que responder.

Christiane Mello

Estudei Desenho Industrial na Escola de Belas-Artes da UFRJ. Lá, descobri o que faz um ilustrador de livros infantis e achei que seria muito legal trabalhar nesta área. Depois, consegui uma bolsa de estudos e fui estudar no Pratt Institute, em Nova York, onde aprendi muito sobre Arte e Design. Atualmente, trabalho com a Ana Sofia no Estúdio Versalete e leciono no NAVE, Escola de Ensino Médio Integrado. Sigo aprendendo muito, todo dia. Neste livro, aprendi a importância de trabalharmos de forma colaborativa, como fez a Turma da Horta Viva, para construirmos um lugar melhor para nós, para os nossos filhos e netos.